CATALOGUE

DE LIVRES

ESTAMPES, TABLEAUX

Portrait d'André CHENIER, peint à Saint-Lazare

Par SUVÉE

AQUARELLES, DESSINS ET CURIOSITÉS

Composant le Cabinet de M. de CAILLEUX

DONT LA VENTE AURA LIEU

HOTEL DROUOT, SALLE N° 2

Les Lundi 11, Mardi 12 et Mercredi 13 Décembre 1876

A DEUX HEURES

Par le ministère de M⁰ **ESCRIBE,** Commissaire-Priseur, rue de Hanovre, 6,
Assisté de :
M. Aug. AUBRY, Libraire-Expert, rue Séguier, 18,
M. CLEMENT, Marchand d'Estampes de la Bibliothèque nationale,
rue des Saints-Pères, 3,
M. GEORGE, rue Laffitte, 12,
CHEZ LESQUELS SE DISTRIBUE LE PRÉSENT CATALOGUE.

EXPOSITION PUBLIQUE

Le Dimanche 10 Décembre 1876, de une heure à cinq heures.

PARIS — 1876

CONDITIONS DE LA VENTE

—

Elle sera faite expressément au comptant.

Les Acquéreurs paieront CINQ CENTIMES PAR FRANC, en sus des enchères, applicables aux frais de vente.

ORDRE DES VACATIONS

—

Le Lundi 11 Décembre : Les Livres ;

Le Mardi 12 Décembre : Les Tableaux, Dessins, Aquarelles, Curiosités ;

Le Mercredi 13 Décembre : Les Estampes.

—

NOTA. — La Vente du Mobilier et de l'Argenterie aura lieu, en la Salle n° 13 le Vendredi 15 Décembre 1876

DÉSIGNATION

SCIENCES ET ARTS

BEAUX-ARTS

1. Les Caractères de Théophraste, trad. du grec, avec les caractères ou les mœurs de ce siècle (par La Bruyère). *Paris, Et. Michallet*, 1694, 8ᵉ édition. — Les mêmes, 1696, 9ᵉ édition, 2 vol. iu-12, anc. rel.
   Exemplaires fatigués.

2. Les Essais de Michel de Montaigne. *Paris, Rondet et Christ. Journel*, 1669, 3 vol. in-12, veau viol. *Front. gravés.*

3. De la Sagesse, trois livres, par P. Charron. *Paris, Chaignieau, 1797*, 2 vol. pet. in-12, mar. bl. fil. tr. dor. *Portr. et front. (Simier.)*

4. Essais de Palingénésie sociale, par Ballanche. *Paris, Didot l'aîné, 1827*, 2 vol. *Portrait.* — L'Homme sans nom, 2ᵉ édition, par le même. *Paris, Didot*, 1828, 1 vol. Ens. 3 vol in-8, demi-rel. d. et c. chagr. bl. n. rog.

5. La Morale de Confucius, philosophe de la Chine. *Paris, Valade, et Reims, Cazin, 1783*, pet. in-8, mar. vert clair, fil. tr. dor. *(Derome.)*
   Exemplaire de Ch. Nodier.

6. Astronomie populaire, par Fr. Arago. *Paris, Gide*, 1857, 4 vol. in-8, demi-rel. chagr. v. n. rog. *Planches.*

7. COLLECTION DES MÉMOIRES DE L'INSTITUT, br. et en livr.

8. Traité de Chimie appliquée aux arts, par Dumas. *Paris*, 1828-46, 8 vol. in-8, demi-rel. mar. v. et Atlas.

9. Traité de Chimie, par Berzélius. *Paris, Didot*, 1845, 4 vol. in-8, demi-rel. chagr. v. *Planches.*

10. Cours de Chimie générale, par Pelouze et Fremy. *Paris, Masson.* 1848. 4 vol. et atlas in-8, demi-rel. chagr. v.

11. Cours élémentaire de Chimie, par Regnault. *Paris, V. Masson*, 4 vol. in-12, demi-rel. chagr. br. *Fig.*

12. Traité des essais par la voie sèche, par Berthier. *Paris, Durand*, 1848, 2 vol. in-8, demi-rel. chagr. vert. *Planches.*

13. Dictionnaire de l'Académie des Beaux-Arts. *Paris, F. Didot*, 1858, 9 fasc. gr. in-8. *Planches.*

14. Dictionnaire des Arts du Dessin, par Boutard. *Paris, Le Normant*, 1826, in-8, demi-rel. d. et c. chagr. gr. n. rog.
Exemplaire sur grand papier vélin avec envoi d'auteur.

15. Livrets des Salons, 1800 à 1874, la plupart reliés en maroquin.

16. Catalogue raisonné des tableaux du Roy, avec un abrégé de la vie dés peintres, par Lépicié. *Paris, Imprimerie Royale*, 1752, 2 vol. in-4, v. f. fil. tr. dor. rel. anc. *Aux armes du Roi.*

17. Idées italiennes sur quelques tableaux célè-bres, par A. Constantin. *Florence*, 1840, gr. in-8, demi-rel. chagr. n. rog.

Envoi d'auteur.

18. Poétique des Arts. *Paris*, 1810. — Mémoires sur l'Indoustan, par Gentil. *Paris*, 1822. *Carte.* Ens. 2 vol. in-8, mar. r. dent. tr. dor. Aux armes royales.

19. La Perspective practique, par un Parisien de la Comp. de Jésus. (le P. Dubreuil). *Paris, Ta-vernier.* 1642, in-4. v. br. — Nouveau traité de la Perspective des ombres, par Clinchamp. *Paris*, 1826, in-4. Ens. 2 vol. *Planches.*

20. Traité des Arts céramiques ou poteries, par Alex. Brongniart. *Paris*, 1844, 2 vol. in-8, et Atlas in-4, br.

21. Les Vierges de Raphaël, ou |l'Iconographie de la Vierge, par A. Gruyer. *Paris, Renouard*, 1869, 3 vol. — Les Œuvres d'Art de la Renais-sance italienne au Temple de Saint Jean, par le même. *Paris, Renouard*, 1875, 1 vol. *Plan-ches.* Ens. 4 vol. in-8, br.

Envoi d'auteur.

22. Ouvrages de M. Georges Kastner membre de l'Institut; 8 vol. in-4, br. *Paris*, 1848-60.

Manuel de Musique militaire. — Les Danses des morts. — Chants de la vie. — Chants de l'armée. — Harpe d'Eole. — Les Voix de Paris. — Les Sirènes. — Parémiologie musicale.

LIVRES A FIGURES

23. Les Beaux-Arts. Illustration des Arts et de la Littérature. *Paris, Curmer*, 1844, en livraisons.

24. Œuvre de Canova, recueil de gravures d'après ses statues et ses bas-reliefs, par Reveil; texte par H. de Latouche. *Paris, Audot*, 1825, gr. in-8, pap. vél. v. f. n. r. *Pl. au trait.*

25. Œuvre du baron François Gérard, (1789-1836). *Paris, Vignières*, 1853, 3 vol. in-fol. demi-rel.
   Eaux-fortes. Envoi autographe

26. Choix de dessins de Raphaël qui font partie de la Collection Wicar, à Lille. *Paris, Plon*, 1858, gr. in-fol. demi-rel. mar. v.

27. Les Travaux d'Hercule d'après Le Poussin, par Pesne. Gr. in-fol, demi-rel. mar. r.

28. Faust, tragédie de Gœthe, trad. en français, par A. Stapfer. *Paris, Motte*, 1828, in-fol. br. *Portrait et 17 dessins sur pierre par E. Delacroix. Epreuves sur chine.*

29. Vignettes et Fleurons, composés et gravés par C. M. Cochin, pour la première édition *in-quarto* de l'Abrégé chronologique de l'Histoire de France du président Hénault. *Paris, Prevost*, 1780, in-4, demi-rel. bas.

30. Quatre Albums lithographiés par Devéria, Fragonard, etc.

31. Trente-six Vignettes pour les œuvres de Walter Scott, par Alfred et Tony Johannot. *Paris, Furne, 1830. Epreuves sur chine avant la lettre, montées in-fol.*

32. Costumes et uniformes de l'armée française
en 1740, par L. Jolly, 1834, gr. in-4, obl. *Planches coloriées.*

33. Cruikshankiana; an assemblage of the most
celebrated works of George Cruikshank. *London, s. d.*, in-fol. cart.

34. Métaponte, par le duc de Luynes et Debacq.
Paris,. Renouard, 1833, in-fol. cart. Planches
n. et en couleur.

35. Illustrazione di due sepolcri romani del secolo
di Augusto, di P. Campana. *Roma*, 1841. —
Les Ruines de Pœstum, par de Lagardette.
Paris, an VII, 2 vol. in-fol. en livr.

36. Les Antiquités inédites de l'Attique, par
Hittorf. *Paris, Didot*, 1831, in-fol. dem.-rel.
mar. r. *planches.*

37. The Architectural Antiquities of Great Britain,
by J. Britton. *London*, 1807, 4 vol in-4, cart.
Nombreuses Planches.

38. Collection de plans, coupes, élévations, voû-
tes et plafonds des principaux monuments de la
ville de Bruges, par Rudd. *Bruges, Bogaert-
Dumortier, s. d.*, gr. in-fol. dem.-rel. mar.

39. Plans et détails du monument consacré à la
mémoire de l'empereur Alexandre, par Ricard
de Montferrand. *Paris*, 1836, gr. in-fol. dem.-
rel. mar.. n. rog. *Pl. lithogr.*

40. Monumens érigés en France à la gloire de
Louis XV, par Patte. *Paris*, 1765, in-fol. d. et c.
mar. r., n. rog. *Planches.*

41. Musée de Sculpture antique et moderne, ou Description du Louvre et de toutes ses parties, par le comte de Clarac. *Paris, Impr. roy.*, 1841, 6 vol. gr. in-8 de texte et 6 vol. in-4, de planches, dem.-rel. mar. v.

42. Statistique monumentale de Paris, par Albert Lenoir. *Paris, Impr. roy.* 18 livr. gr. in-fol. *Planches.*

43. Le tre Porte del Battistero di san Giovanni di Firenze, incise ed illustrate. *Firenze*, 1831, gr. in-fol. cart. *Planches au trait.*

44. Peintures à fresque exécutées à Saint-Sulpice, par Vinchon, 1823. — Le Jugement dernier de Michel-Ange Buonaroti, par Guillemot, 1828. — Boiseries sculptées de Notre-Dame, En livr. gr. in-fol.

45. La Chapelle de Saint-Ferdinand, par P. Sudre, 1845, 5 livr. gr. in-fol. *Planches noires et en couleur.*

46. Description de l'Église cathédrale de Saint-Isaac, par Ricard de Montferrand. *Paris et Saint-Pétersbourg*, 1842, notice in-4 et 10 livr. gr. in-fol. de planches. — Description de la grande cloche de Moscou, par Ricard de Montferrand. Livr. in-fol.

47. Peintures de l'Église de Saint-Savin (Vienne), par P. Mérimée et Gérard Séguin. *Paris, Impr. roy.*, 1844, gr. in-fol. en livr. *Planches en couleur.*

48. Monographie de la Cathédrale de Chartres, par Didron et autres. *Paris, Impr. roy.*, 1842. 3 livr. gr. in-fol.

49. Monographie de l'Église Notre-Dame de Noyon, par L. Vitet. *Paris, Impr. Roy.*, 1845, in-4, br. et atlas gr. in-fol.

50. Description des nouveaux Jardins de la France et de ses anciens Châteaux. par le comte A. de Laborde. *Paris, Delance*, 1808, in-fol. dem.-rel. mar. r. n. rog. *Planches.*

51. Habitations des personnages les plus célèbres de France de 1790 à nos jours, par Regnier et Champin. *Paris, s. d.*, in-4, ob. cart. *Fig. sur Chine.*

52. Domaines de la Couronne : Tuileries, Versailles, Fontainebleau, Saint-Cloud, Eu, Neuilly, Bizy, Amboise. 14 vol. in-4, rel. et cart.

53. Plans de plusieurs châteaux, palais et résidences de souverains. Gr. in-fol. cart.

54. **Galeries historiques de Versailles,** par Ch. Gavard, avec une Histoire de France, servant de texte explicatif aux peintures et sculptures du Musée de Versailles. *Paris*, 1838, 23 portefeuilles gr. in-fol.
Édition sur papier vélin, avec planches sur Chine.

55. Galeries historiques de Versailles. *Paris*, 1839, 10 vol. gr. in-8, pap. vél., rel. pleine en veau viol. Plats ornés, *blasons gravés.*

56. Château de Versailles. Vues, plans des escaliers et plafonds. En 1 vol. gr. in-fol. dem.-rel. mar. n. rog.

57. Bustes et Statues de Versailles, dess. et grav. par Baudet, 2 vol. gr. in-fol. dem.-rel. mar. rouge.

58. Labyrinte de Versailles. *Paris, Impr. roy.*
1679, in-8, mar. r. fil. tr. dor, rel. anc. *Planches. (Aux armes du Roy.)* — Labyrinte de Versailles. *Paris, Impr. Roy.*, pet. in-4, obl. v. gr.
Planches. Ens. 2 vol.

59. Recueil des figures, groupes, thermes, fon-
taines, vases et autres ornemens du Château et
Parc de Versailles ; gravé par Thomassin. *Paris,*
1694, in-8, v. marbr. *Planches.*

60. Grand Escalier du château de Versailles, dit
des Ambassadeurs, peint par Lebrun, gr. in-fol.
dem.-rel. mar. n. rog. *Planches.*

61. Versailles. Salle des Croisades : publié par
Ch. Gavard. Gr. in-4, dem.-rel. mar. vert.
Planches et armoiries coloriées.

62. Galerie de Versailles. Recueil de planches
gravées en 1 vol. gr. in-fol. dem.-rel. mar. r.

63. Galerie de S. A. R. Mᵐᵉ la duchesse de Berry,
par le chev. Bonnemaison. *Paris, Didot l'aîné,*
1822, en livraisons.

64. Histoire lithographiée du Palais-Royal, publiée
par J. Vatout. *Paris, Motte.* En livraisons.

65. Galerie d'Enée, au Palais-Royal. Gr. in-fol.
dem.-rel. mar. r. 12 planches.

66. Conquêtes de Louis XIV. Recueil de planches
gravées en 1 vol. in-fol. obl. dem.-rel. mar.

67. Le Sacre de Louis XV, roi de France, dans
l'Église de Reims, 1722. Gr. in-fol. dem.-rel.
mar. r. *Planches.*

68. Le Sacre de S. M. l'Empereur Napoléon, dans
l'église métropolitaine de Paris, le 2 décembre
1804. Gr. in-fol. dem.-rel. mar. r. n. rog. *Planches.*

69. Description des cérémonies et fêtes du Couronnement de LL. MM. Napoléon et Joséphine. *Paris*, 1807, gr. in-fol. dem.-rel. mar. *Planches au trait.*

70. Description des Cérémonies et des Fêtes qui ont eu lieu pour le mariage de S. M. l'Empereur Napoléon avec Marie Louise-d'Autriche. *Paris*, 1810, gr. in-fol. dem.-rel. mar. *Figures au trait.*

71. Sacre de S. M. Charles X, roi de France. *Paris, Impr. Roy.* 1827, gr. in-fol. texte et planches, cart. n. rog.

72. Portraits du Roi et de la Reine des français, des princes et des princesses de la famille Royale. 1 vol. gr. in-fol. demi-rel. mar.

73. Baptême de S. A. R. le duc de Bordeaux, par Hittorff et Lecointe. 1827, gr. in-fol. en livr.

74. Excursion à la Grande-Chartreuse, par Champin. In-fol. en livr. — Voyage en Italie en 1822, par Isabey. In-fol. en livr.

75. Souvenirs pittoresques de la [Touraine, par A. Noël. *Paris*, 1824, in-4, dem.-rel. *Planches.*

75. Excursion pittoresque dans l'ancien duché d'Albret, Nérac et ses environs, par d'Andiran. *Paris*, 1842. — Le Château d'Eu illustré par J. Skelton; texte par J. Vatout. *Paris*, 1844. — Suisse et Savoie, par d'Andiran, 1838, In-fol. en livr.

76. Vues pittoresques de l'Écosse, par F. A. Ternot. Texte par A. Pichot. *Bruxelles*, 1827, in-4, pap. vél. cart. *Fig.*

77. Un Mois en Suisse, ou Souvenirs d'un Voya-
geur, par H. Sazerac, fig. lithogr. par Pingret.
Paris, 1824, 4 livr. in-fol. — Vues de Provins,
texte par Dusommerard, 3 livr. in-4. — Tombeau de François II, par Columb. *Nantes*, 1841.

79. Les plus beaux Monumens de la ville de
Gênes et de ses environs, publ. par Gauthier.
Paris, 1820. En livr.

80. Un Mois à Venise, recueil de vues, par le
comte de Forbin et Dejuine, 1825. — Britan-
nia delineata. Views of Kent, 1822. — The
Oriental Album, by E. Prisse. Le tout en livr.
gr. in-fol.

81. Voyage en Perse de MM. Flandin et Coste,
publié par Burnouf, Le Bas et Leclère. *Paris*,
Gide. 28 livr. gr. in-fol.

Exemplaire avec planches sur Chine.

82. La Chine et les Chinois, dessins exécutés d'a-
près nature, par Aug. Borget, en lithographie à
deux teintes, par Eug. Cicéri. *Paris*, *Goupil*,
s. d., gr. in-fol. dem.-rel.

Envoi d'auteur.

83. Ad. d'Astrel. Album de l'île Bourbon. —
Rio-Janeiro, album du Brésil. — Souvenirs de
voyage. Ens. 5 fascic. in-fol.

84. Voyage au pôle sud et dans l'Océanie, sur les
corvettes l'Astrolabe et la Zélée (1837-1840),
par Dumont d'Urville. *Paris*, *Gide*, 5 vol. in-8,
cart. et 29 livr. gr. in-fol. de planches.

Les livr. du t. IV sont en double.

BELLES-LETTRES

85. La Ulyxea de Homero, traduzida de griego en lengua castellana por Gonçalo Perez. *Venetia, Rampazeto,* 1562, in-8, mar. r., tr. dor. *(Ginain.)*

Bel exemplaire.

86. Isocratis Orationes (græcè) — Plutarchi Fragmenta (gr.). — Luciani Somnium (gr.). — Homeri Batrachomyomachia (gr.). — Hesiodi Opera et Dies (gr.). — Theocriti Idyllia (gr.). — *Parisiis, Ægidius Gourmont,* 1507 et 1509, pet. in-4, mar. r., tr. dor.

Les six premières éditions grecques données à Paris, par Gilles Gourmont. — Très-Bel exemplaire de Ch. Nodier, avec une longue note autographe signée et l'ex-libris.

87. Tullii Ciceronis Epistolæ ad Atticum et Orationes ex recensione Grævii. *Amstelod., Blaeu,* 1684-99, 8 vol. in-8, v. *Front. gr.*

88. Q. Horatii Flacci Opera omnia. *Sedani, ex typ. J. Jannoni,* 1627, pet. in-32, mar. rouge, tr. dor. rel. anc.

89. Stultifera Navis. Narragonice profectionis nunquan satis laudata navis : per Sebastianum Brant... In fine : *In laudatissima urbe Parisiensi, opera et promotione Gofridi de Marnef,* 1498, pet. in-4 de 176 ff. lettres rondes, figures sur bois, v. fauve, rel. anc.

Piqûre de vers.

90. Selecta Colloquiorum Erasmi fragmenta. *Parisiis, ex typogr. regia,* 1784, pet. in-8, mar. citr., tr. dor., doublé de tabis.

Bel exemplaire sur papier de Hollande.

91. La Divina Commedia di Dante Alighieri. *Parigi*, 1818, 3 vol. in-8, v. viol. tr. dorée, n. rog.

92. Il Pastor fido, tragicommedia pastorale di B. Guarini. *Venetia, Ciotti*, 1600, pet in-12, mar. vert. *Titre gravé*.

Exemplaire aux armes de de Thou, et avec l'ex-libris de Ch. Nodier

93. Collection des anciens monuments de l'histoire et de la langue française, publiée par G. A. Crapelet. *Paris, impr. de Crapelet*, 1827-1833, 7 vol. gr. in-8 jésus-vélin, cart. n. rog. *Fig*.

Le Combat de trente bretons contre trente anglois. — Le Pas d'armes de la Bergère. — Lettres de Henry VIII à Anne Boleyn. — Proverbes et dictons populaires. — Poésies d'Eustache Deschamps. — L'Histoire du Châtelain de Coucy. — Les demandes faites par le roy Charles VI.

94. Le Roman de Rou et des Ducs de Normandie par Robert Wace, poëte normand du XIIe siècle, pub. par Pluquet. *Rouen, Frère*, 1827, 2 vol, in-8, demi-rel. chag. br., t. d., n. rog. *Fig*.

95. Le Débat de deux demoyselles, l'une nommée la Noyre et l'autre la Tannée, suivi de la Vie de Sainct-Harenc et d'autres poésies du XVe s. *Paris, Firmin Didot*, 1825, in-8, cart. à la Bradel.

96. Le Traicte des deux amans, c'est assavoir Guisgard et la belle Sigismonde. *Aix, Pontier*, 1834, in-8, mar. vert, fil. (*Koehler*.)

Un des trois exemplaires sur vélin. Ex-libris C. Nodier.

97. Les Enthousiasmes ou Eprises amoureuses de P. de Sapet. *Paris, chez Jehan d'Allier, à la Rose blanche*, 1556, pet. in-8, mar. vert, à comp. tr. dor.

Exemplaire avec le cachet sur la garde : *Bibliotheca Heberiana* et l'ex libris de *Ch. Nodier*.

98. Les Œuvres de Clément Marot de Cahors,
valet de chambre du Roy. Revues et augmentées
de nouveau. *La Haye, A. Moetjens,* 1700, 2 vol.
in-12, mar. rouge jans, tr. dor., rel. anc.
  Bel exemplaire.

99. La Response aux lettres de Nicolas Durant,
dict le chevalier de Villegaignon, addressées à
la Reyne mère du Roy. *S. l, n. d.* (vers 1561)
pet. in-8, mar. rouge, fil. tr. dor. rel. anc.
  Le volume commence par une ode de 20 pages *contenant une briesve
  description du Voyage de Villegaignon au Bresil et des cruautez qu'il y
  a exercées.*

100. Les Quatrains du seigneur de Pibrac, con-
seiller du roy en son conseil privé. Contenans
préceptes et enseignemens utiles pour la vie de
l'homme. *Paris, chez Claude Morel,* 1601, *Portrait par Thomas de Leu.* — L'Esté d'Ayrail.
Paris, Cl. Morel. 1607. —La Philosophie morale
et civile du sieur de La Jessée. *Paris, Fed. Morel,*
1595. En 1 vol. in-8, v. f. fil. rel. anc.
  Bel exemplaire.

101. Le Théâtre de P. Corneille, Nouvelle édition
revue, corrigée et augmentée de ses œuvres
diverses. *Amsterdam,* 1740, 5 vol. pet. in-12, v.
Fig.

102. Le Théâtre de T. Corneille. *Amsterdam, L'Ho-
noré et Châtelain,* 1718, 5 vol. pet. in-12, v.
fauve. *Portrait et figures.*

103. Les Œuvres de M. Molière. *Amsterdam, chez
Henri Wetstein, à la Sphère,* 1691, 6 vol. pet.
in-12, v. ant. tr. dor. *Fig. (Vogel.)*

104. Les Provinciales ou Lettres escrittes par
Louis de Montalte, trad. en latin par G. Wen-
drock, en espagnol par Gratien Cordero, et en
italien par C. Brunetti, *Cologne,* 1684, in-8, v.
f. fil. t. dor. non rog. *(Bauzonnet.)*
  Bel exemplaire de Ch. Nodier.

105. Œuvres de Boileau Despréaux. *La Haye, Vaillant,* 1722. 4 vol. in-12, v. gr *Figures de B. Picart.*

106. **Contes et nouvelles en vers** de M. de La Fontaine. *A Paris, chez Claude Barbin, au Palais, sur le second perron de la Sainte-Chapelle, 1667. Avec privilége du Roy,* 2 part. en 1 vol. in-12 de 160 et 92 pages, plus 3 ff. pour les priviléges. mar. rouge, fil. tr. d'or. (*Duru*).
Bel exemplaire de Ch. Nodier, avec l'ex-libris.

107. Zélis au bain, poëme (par le marquis de Pezay) *A Genève* (1763) papier de Hollande, *Vignettes d'Eisen en belles épreuves.* — Les Fleurettes. *Paris, Boismortier, s. d.* 4 parties de chansons avec musique, *1 vignette non signée.* En 1 vol. in-8, bas., tr. dor.
Bel exemplaire.

108. Choix de Chansons à commencer de celles du comte de Champagne jusques et y compris celles de quelques poëtes vivans (pub. par Moncrif) *S. l.* 1759. in-12, mar. rouge, fil. tr. dor., tabis bleu, rel. anc.
Exemplaire de *Ch. Nodier*, avec son ex-libris et une lettre autographe signée.

109. Idylles et romances, par Berquin. *Paris, Ruault,* 1775-76, 3 vol. in-18, pap. de Holl., v. porph., fil., tr. dor. *Charmantes vignettes de Marillier.*

110. Les A-propos de société et les A-propos de la folie, chansons de M. L... (Laujon). *Paris,* 1776. 3 vol. in-8, v. marb., fil. tr. dor. *Vignettes de Moreau.*
Bel exemplaire.

111. Œuvres choisies de P. Laujon. *Paris, Patris,* 1811, 4 vol. in-8, d. etc. mar. viol., tête dorée, n. rog.

112. L'Amoureux de quinze ans, ou la Double
fête, comédie en 3 actes et en prose, paroles de
Laujon. *Paris*, 1771. in-8, mar. rouge, fil. tr.
dor. *Jolie vignette de Gravelot, grav. par Duclos.*

113. Le Couvent, ou les Fruits du caractère et de
l'éducation, comédie en un acte et en prose par
Laujon. *Paris, V° Dvchesne*, 1790, in-8, mar.
bleu du Levant, fil. dent. à froid.

Exemplaire tiré grand in-8, SUR PEAU DE VÉLIN.

114. Œuvres complètes de J. H. Bernardin de
Saint-Pierre, publ. par Aimé Martin. *Paris,
Méquignon-Marvis*, 1818. 12 vol. in-8, dem.-rel.
mar. gr. n. rog.

115. Œuvres complètes de Chateaubriand, *Paris,
Ladvocat*, 1826. 26 vol. in-8, gr. pap. velin.

116. Collection de petits classiques françois publiée par Ch. Nodier et dédiée à Mme la duchesse
de Berry. *Paris, Delangle, imp. de J. Didot aîné*,
1825. 8 vol. in-18, dos et coins mar. rouge,
tête dorée, n. rog.

Bel exemplaire.

117. Œuvres de Charles Nodier. *Paris, Levavasseur
et Renduel*, 1831-32. 24 vol. in-8 et in-12, dem.-
rel. v. viol., tête dorée, n. rog. et reliures
pleines.

Envoi d'auteur signé.

118. Contes de Ch. Nodier. *Paris. Hetzel*, 1846.
Eaux-fortes de T. Johannot, — L'Ane mort par
J. Janin, illustré par T. Johannot. *Paris, Bour-
din*, 1842, Ens. 2 vol. gr. in-8, perc., tr. dor,

119. Histoire du roi de Bohême et de ses sept
châteaux (par Ch. Nodier). *Paris, Delangle*,
1830, gr. in-8, v. viol. fil. , tête dorée, n. rog.

120. Questions de littérature légale: Du Plagiat, de la supposition d'auteurs, des supercheries qui ont rapport aux livres, par Ch. Nodier. *Paris, Crapelet,* 1828, gr. in 8, cart. n. rog.

121. Histoire de Gil Blas de Santillane, par Lesage, vign. par J. Gigoux. *Paris, Dubochet,* 1838, gr. in-8, dem.-rel. d. et c. chag. vert, tête dorée, n. rog.

Exemplaire sur papier fin, avec envoi autographe de J. Gigoux.

122. Histoire de Gil Blas de Santillane, par Lesage, vign. par J. Gigoux. *Paris, Paulin,* 1835, gr. in-8, dem.-rel, d. et c. mar. rouge, n. rog.

Exemplaire sur papier fort.

———

HISTOIRE

123. Société de l'Histoire de France. *Paris, Renouard.* 130 vol. in-8, brochés.

124. Abrégé chronologique de l'Histoire de France, par le Sr de Mézeray. *Amsterdam, Wolfgang,* 1682. 6 vol. in-12, parch. *Portraits.*

125. Actes de la dispute et conférence tenue à Paris ès mois de juillet et aoust 1566, entre deux docteurs de Sorbonne et deux ministres de l'Église réformée. *Strasbourg, P. Estiard,* 1566, pet. in-8, mar. vert, fil. tr. dor. rel., anc.

126. **Entrée de Charles IX.** Bref et sommaire recueil de ce qui a esté faict et de l'ordre tenüe à la joyeuse et triumphante entrée de très-puissant, très-magnanime et très-chrestien

Prince Charles IX de ce nom roy de France, en
sa bonne ville et cité de Paris, capitale de son
royaume, le mardy sixiesme iour de mars.... *A
Paris, de l'imprimerie de Denis du Pré, pour Oli-
vier Codoré, 1572, in-4, mar. vert, fil., tr. dor.
Planches en bois. Témoins. (Koehler.)*

Bel exemplaire de Charles Nodier.

127. La Légende de Charles cardinal de Lorraine
et de ses frères, de la maison de Guise, descrite
en trois livres par François de l'Isle. *A Reims,
de l'impr. de J. Martin, 1576, in-8, mar. vert,
tr. dor.*

Belle relinre ancienne.

128. Le Bureau du concile de Trente : auquel est
monstré qu'en plusieurs poincts iceluy concile
est contraire aux anciens conciles et canons et
à l'autorité du Roy. Par Innocent Gentillet,
jurisconsulte dauphinois.|*Par Elie Viollier*, 1586,
Pet. in-8, anc. rel. mar. vert, fil., tr. dor.

Le bas du titre raccommodé.

129. Mémoires militaires relatifs à la succession
d'Espagne, sous Louis XIV, par le général
Pelet. 8 vol. in-4 br. et atlas. — Négociations
relatives à la succession d'Espagne, par Mignet.
4 vol. in-4 br.

130. Mémoires et mélanges historiques et litté-
raires par le prince de Ligne. *Paris, 1827.* 5
vol. in-8, dem.-rel. mar. n. rog.

131. Mémoires de M. de Bourrienne sur Napoléon. — Mémoires de Constant sur Napoléon.
Paris, Ladvocat, 1829-30. 16 vol. in-8, br.

132. Histoire des Princes de Condé pendant les
xvie et xviie siècles. par M. le duc d'Aumale. *Paris,*
1863, 2 vol. in-8 avec *Portraits et Cartes.* — Les
princes d'Orléans, par Yriarte. *Paris, Plon,*
1872, gr. in-8 br., pap. vergé. *Portraits.*

133. Mémoires du duc de Montpensier (Ant.-Phil. d'Orléans), prince du sang. *Paris*, 1837, in-8 pap. vélin. *Portrait*; riche rel. mar. gr., tr. dor.

134. Histoire de Louis-Philippe-Joseph duc d'Orléans, par Tournois. 1842, 2 vol. — Chronique de Juillet 1830, par Rozet, 1832, 2 vol. Ens. 4 vol. in-8, d. et c. mar. rouge, tête dorée.

135. Vie de Marie-Amélie, reine des Français, par Aug. Trognon. *Paris, Lévy.* 1872, gr. in-8, dem.-rel, d. et c. de mar. bl. n. rog

136. Études sur la marine et récits de guerre, par le prince de Joinville. *Paris, Lévy,* 1870. 2 vol. demi-rel. mar. bl. — Souvenirs de voyage, une visite à quelques champs de bataille de la vallée du Rhin. *Paris, Dentu,* 1869, gr. in-18. *Portrait photogr. de Robert d'Orléans (duc de Chartres).* Envoi autog. sig. Ens. 3 vol. gr. in-18, dem.-rel. mar. bl. n. rog.

137. Paris historique. Promenades dans les rues de Paris, par Ch. Nodier, Régnier et Champin ; suivi d'Etudes sur les Révolutions de Paris, par Christian, *Paris,* 1838. 3 vol. in-8, dem.-rel. chag. v. *Figures,*

138. Voyage bibliographique, archéologique et pittoresque en France, par Dibdin, trad. par Th. Licquet. *Paris, Crapelet,* 1825, 4 vol. in-8, d. et c. mar. br, n. rog.

139. **Voyages pittoresques et romantiques dans l'ancienne France.** Par MM. Ch. Nodier, J. Taylor et Alph. de Cailleux. *Paris, de l'imprimerie de J. Didot l'Aîné,* 1825, 14 vol. gr. in-fol. dem.-rel., dos et coins de mar. rouge, n. rog. (*Ginain*). *Planches sur Chine.*

Picardie, 3 vol. — Auvergne, 2 vol. — Languedoc, 2 tomes en 4 parties. — Normandie, 2 vol. — Bretagne, 2 vol. — Franche-Comté, 1 vol.

140. Annales de la ville de Toulouse, dep. la Réunion de la Comté à la Couronne, par Lafaille. *Toulouse, Colomyez*, 1687, 2 vol. in-fol. v.

141. Le Château d'Eu, notice historique par J. Vatout. *Paris,* 1836, 5 vol. in-8, dem.-rel., d. et c. mar. bl., tête dor., n. rog.

142. Le vray trésor de l'histoire saincte, sur le transport miraculeux de l'Image de Nostre-Dame de Liesse. Nouvellement composé par quatre pelerins faisans ce sainct voyage en 1644. *Paris, Estiene,* 1647, in-4, v. ant. *Portrait et planches par J. Stella.*

143. Histoire de la Sainte Église de Vienne, par Charvet. *Lyon,* 1761, in-4, dem.-rel. *Planches.*

144. Cartulaire de l'abbaye de N.-D.-de-la-Roche, par A. Moutié, *Paris, Plon,* 1862, in-4, br. et atlas in-fol. cart.

145. Cartulaire de l'abbaye de N.-D.-des-Vaux-de-Cernay, par L. Merlet et A. Moutié. *Paris, Plon,* 1857-58, 2 tomes en 3 part. in-4, br. et atlas in-fol. cart.

PARALIPOMÈNES HISTORIQUES

146. Éléments de Paléographie, par Natalis de Wailly, *Paris, Impr. Roy,* 1838, 2 vol. in-4, br.
Exemplaire sur papier de Hollande.

147. Discours des Hiéroglyphes Aégyptiens, emblemes, devises et armoiries. Ensemble LIIII tableaux hiéroglyphiques pour exprimer toutes conceptions... Le tout par P. L'Anglois. *Paris, Abel L'Angelier*, 1583, in-4, vél.
Exemplaire aux premières armes de de Thou, avec l'ex-libris de Ch. Nodier.

148. Archéologie navale, par A. Jal. *Paris*, 1840, 2 vol. in-8, br.

Envoi d'auteur.

149. Fasti magistratuum et triumphorum romanorum ab Huberto Goltzio. *Antverpiæ*, 1617, infol. parch. *Planches.*

150. Joan. Pet. Bellorii Romani adnotationes nunc primum evulgatæ in XII. priorum Cæsarum numismata. *Romæ*, 1730, in-fol., mar. r. anc. rel., tr. dor. *Planches de médailles.*

151. Recherches sur les monuments et l'histoire des Normands de la maison de Souabe dans l'Italie méridionale ; publ. par le duc de Luynes. *Paris*, 1844, gr. in-fol. cart.

152. Chartes latines sur papyrus d'Égypte de l'année 876, publiée, pour l'École des Chartes. *Paris*, 1835, 3 fascic. in-fol.

Lettre autographe de M. Champellion-Figeac.

153. Traité de la Noblesse, par A. de La Roque. *Paris, Michallet*, 1678, in-4, v. br.

154. Traité de la noblesse des Capitouls de Toulouse (par G. Lafaille) *Toulouse*, 1707, in-4, bas.

155. Les emblesmes et devises du Roy, des Princes et Seigneurs qui l'accompagnèrent en la calvacate royale et course de bague que sa majesté fit au Palais Cardinal, 1654. Recueillies et dédiées à S. A. de Guise par Gissey. Pet. in-4, mar. citr., fil., tr. dor., rel. anc.

Exemplaire de Guyon de Sardière, avec sa signature sur le titre.

156. Biographie ancienne et moderne, publ. par Michaud. *Paris*, 1811, 52 vol. in-8, br.

157. A. Floquet. Etudes sur la vie de Bossuet. *Paris, Didot*, 1855, 3 vol. — Bossuet, précepteur du Dauphin. *Didot*, 1864. — Essai sur les hymnes de Santeul. *Rouen*, 1829. — Eloge de Bossuet, 1827. Ens. 6 vol. in-8, demi-rel. mar.

Envois d'auteur.

158. Frédéric le Grand, sa famille, sa cour, etc., ou mes souvenirs de 20 ans de séjour à Berlin, par Dieudonné Thiébault *Paris*, 1827, 5 vol. in-8, demi-rel. mar. n. rog.

Le Blason des couleurs en armes, livrees et devises... *On vend lesditz livres en la rue de la Vieille Pelleterie, à l'enseigne du Croissant... par Pierre le Brodeulx, marchand libraire à Paris*, 1527, pet. in-8, mar. r., tr. dor. *(Pasdeloup.) Figures en bois noires et coloriées.*

Une partie de la marge du folio I a été enlevée.

Environ **1,500 Volumes** de bons ouvrages de Littérature, de Sciences et d'Histoire seront vendus par lots.

TABLEAUX

—

SUVÉE (Joseph-Benoît)

1 — Portrait d'André de Chénier, représenté en buste.

> Ce très-intéressant portrait du célèbre poëte français a été peint peu de temps avant sa mort dans la prison de Saint-Lazare où Suvée fut également incarcéré. Il est cité dans le Dictionnaire des Peintres de A. Siret.
>
> Signé ainsi : « Peint à Saint-Lazarre le 29 messidor, l'an 2 par **J. B. Suvée.** »

———

2 — Tintoret. Les Noces de Cana.

3 — Giroux. Vallée du Grésivaudan.

4 — Watelet. Vue de Rouen, prise de Bon-Secours.

5 — Id. Paysage.

6 — Isabey (Eug.). Tréport.

7 — Id. Départ du Véloce.

8 — Id. Marine.

9 — Baron d'Ivry. Paysage, dans la manière de Michel.

10 — Deveria. Scène orientale.

11 — Fleury. Vue de Venise.

12 — **Regny**. Vue de Naples.

13 — **Bouton**. Ruines.

14 — **Laurent**. La Citerne.

15 — **Petit**. Vue de Village.

16 — **Decaisne**. Françoise de Rimini.

17 — **Rémond**. Paysage.

18 — **Gérard Dow** (D'après). Portrait de jeune homme.

---

19 — Nombreuse Collection **D'ESQUISSES PEIN-TES** pour les Tableaux des Galeries historiques de Versailles; Aug. Couder, Alaux, G. Saint-Évre, Fragonard, Steuben, Signol, Déveria, Regnier, Roehn, S. Fort, Mauzaisse.

20 — **ESQUISSES POUR LES PLAFONDS** DU LOUVRE: Le Poussin èt Louis XIII par Alaux; Bataille d'Ivry par Steuben; le Puget et Louis XIV par Déveria, François Ier par Fragonard.

AQUARELLES, DESSINS

---

21 — **Redouté** (P. J.), 1837. Bouquets de roses.

22 — **Id.** Bouquet de fleurs.

23 — **Granet**, 1839. Sujet biblique.

24 — **Bellangé** (H.). Combat de Landsberg.

25 — **Hesse** (Al.). Triomphe de Pisani.

26 — **Couder** (A.). Ouverture des États généraux.

27 — **Leprince** (L.). Enfant au bord de l'eau.

28 — **Wyld** (W.). Vue de Naples.

29 —   **Id.**   Vue de Venise.

30 — **Aligny.** Dessins à la plume, paysage.

31 — **Forbin.** Ruines de cloître.

32 — **Devéria.** Louis XIV et le Puget.

---

33 — **DESSINS ET AQUARELLES** par Dauzats, Vander Burch, Vincent, Colin, J. Ouvrié, Watelet, Appiani, Fragonard fils, Granet, Forbin, Langlois, Schnetz, Ternante.

34 — **DESSINS ANCIENS.**

CURIOSITÉS

PORCELAINES. Tasses, Soucoupes, Théières de la Chine et du Japon, grande Théière en Saxe, Service en Sèvres.

BRONZES. Statuettes, Henri IV et Marie de Médicis, Christ byzantin, Bronzes anciens, petits Flambeaux Louis XVI.

PLATRES. Bas-reliefs, médaillons, bustes, statues, etc.,
de Rachel, Fany Essler, Caricatures de Dantan,
belles Épreuves d'après l'antique.

MINÉRAUX. Verrerie, Divinités chinoises, Curiosités
diverses.

ESTAMPES

BRIDOUX (A.)

1 — L'Immaculée Conception, d'après Murillo. Superbe épreuve avant toutes lettres, sur papier de Chine, avec dédicace de l'auteur.

2 — La Vierge aux candélabres, d'après Raphaël. Superbe épreuve avec toutes lettres, avec dédicace de l'auteur.

CALAMATTA (L.)

3 — Françoise de Rimini, d'après Ary-Scheffer. Superbe épreuve avant la lettre, sur chine et portant le n° 22, avec dédicace de l'auteur.

CARON (Adolphe)

4 — Marguerite sortant de l'église, d'après Ary-Scheffer. Superbe épreuve avant toutes lettres, sur papier de Chine, avec dédicace de l'auteur.

DESNOYERS (L.-A.-B. Baron)

5 — La Vierge, dite la belle Jardinière, d'après Raphaël. Très-rare et superbe épreuve, avant toutes lettres, encadrée.
La même estampe. Belle épreuve.

6 — La Vierge, dite la belle Jardinière de Florence, d'a
près Raphaël. Très-belle épreuve avant la lettre,
lettres tracées.

7 — La Vierge aux rochers, d'après Léonard de Vinci.
Très-belle épreuve avec le cachet à deux têtes.

8 — La Vierge au poisson, d'après Raphaël. Belle
épreuve.

9 — La Tansfiguration, d'après Raphaël. Très-belle
épreuve avant la lettre.

DUPONT (M. Henriquel)

10 — Lord Straflord, d'après P. Delaroche. Superbe
épreuve avant la lettre, sur chine.

11 — Cromwell au tombeau de Charles Ier, d'après P. Delaroche. Superbe épreuve avec les noms d'auteurs
tracés à la pointe.

12 — Portrait de Bertin, d'après Ingres. Superbe épreuve
avant la lettre, sur chine.

FORSTER (F.)

13 — Portrait de Raphaël accoudé, d'après lui-même.
Superbe épreuve avant les noms d'auteurs, portant le n° 58, avec dédicace.

LEFÈVBE (Achille)

14 — La Vierge au saint Sébastien, d'après le Corrége.
Superbe épreuve avant toutes lettres, seulement
les noms d'auteurs tracés à la pointe.

LEROUX

15 — La Vierge aux anges, d'après Murillo. Très-belle épreuve avant la lettre, avec dédicace.

LOUIS (ARISTIDE)

16 — Mignon aspirant au ciel. Mignon regrettant la patrie, d'après Ary-Scheffer. Superbes épreuves d'artiste, sur papier de Chine, portant le n° 3.

17 — Portrait de Napoléon, d'après P. Delaroche. Superbe épreuve avant toutes lettres, les noms d'auteurs tracés à la pointe, sur papier de chine.

LORICHON (C. L.)

18 — La Vierge du palais Pitti, d'aprsè Raphaël. Superbe épreuve avant la lettre, sur papier de Chine.

19 — La Vierge à la Bénédiction, d'après Raphaël. Très-belle épreuve avant la lettre, sur chine.

20 — Sous ce numéro il sera vendu, par lots, un grand nombre d'Estampes publiées par la Société des amis des arts, Lithographies, Eaux-fortes par Blery. Portraits de la famille royale d'Orléans, d'après Wintheralter et autres, gravés et lithographiés. Grand nombre d'Estampes provenant de la chalcographie du Louvre, etc.

PRADIER

21 — Virgile, d'après Ingres. Très-belle épreuve avant la
lettre.

22 — *Le Cabinet du Roy et la suite du même ouvrage*, reliés
en 80 volumes environ et renfermant la plus
grande partie des estampes qui dépendent de la
chalcographie du Louvre.

Vᵉˢ Renou, Maulde et Cock, imprˢ de la Compagnie des Commissaires-Priseurs,
rue de Rivoli, 144. 70942